홍도는 리얼리스트인가, 로맨티스트인가

박선우 시집

홍도는 리얼리스트인가, 로맨티스트인가

리토피아
LITERATURE & UTOPIA

리토피아시인선 · 61
홍도는 리얼리스트인가, 로맨티스트인가

인쇄 2011. 11. 1 발행 2011. 11. 6
지은이 박선우 펴낸이 정기옥
펴낸곳 리토피아
출판등록 2006. 6. 15. 제2006-12호
주소 402-013 인천 남구 숭의3동 120-1
전화 032-883-5356 전송032-891-5356
홈페이지 www.litopia21.com 전자우편 litopia@hanmail.net

ISBN-978-89-6412-020-0 03810

값 7,000원

*이 시집은 전남문화예술진흥기금과 신안군문화관광과지원으로 발간

시인의 말

신장리에서 시간을 보내면서 사계를 확연히 체험하고 교감할 수 있어 나름대로의 삶은 행복하다. 어제 만난 바람과 어제 만난 들판과 산 바다는 늘 오늘 새로움으로 다가온다. 그 속에 나와 소통하고 교감할 수 있는 살아있는 것들로 인해 앤돌핀을 제공해주는 자연에게 아니 내가 믿는 하나님께 감사를 드린다. 세 번째 시집을 발간하면서 시적 사유를 형상화하지 못한 미숙함이 부끄럽다. 그러나 시가 있어 행복했고 앞으로도 더 행복해질 것을 믿는다. 신장리에서…….

2011년 가을

박선우

차례

제1부 홍도는 리얼리스트인가, 로맨티스트인가

홍도는 리얼리스트인가, 로맨티스트인가, 1 15
홍도는 리얼리스트인가, 로맨티스트인가, 2 16
홍도는 리얼리스트인가, 로맨티스트인가, 3 17
명자 18
소금은 바다의 사리다 19
꽃의 파일을 해킹하다 20
4월 21
변종 바이러스 22
무궁화꽃 24
그 집의 내력을 알고 있다 25

제2부 신장리에서

신장리에서 · 1 29
신장리에서 · 2 30
신장리에서 · 3 31
신장리에서 · 4 32
신장리에서 · 5 33
신장리에서 · 6—팔월의 끝 34
신장리에서 · 7—콩밭에서 35
신장리에서 · 8—바다 36
신장리에서 · 9—가을서곡 38
신장리에서 · 10 39
신장리에서 · 11 40

제3부 빌라도는 날마다 죽는다

빌라도는 날마다 죽는다·1 43
빌라도는 날마다 죽는다·2 46
제비 48
탄탈로스의 비극 50
간장 게장 52
청산도 54
모기와 전쟁 55
채혈실 56
내 땅에서 껍데기는 가라 58
봄 59
홍시 60
아직도 탯줄을 끊지 못하고 62
안개에게 감금당했다 64
북항 66
빈집 67
자연산 횟집 68
감자에 대해서 70
산수유 71
그녀에게 배후가 있다 72

제4부 여자는 베고니아 꽃을 피우는 중이다

알츠하이머—작은어머님 77

무공해란 없다 78

호박꽃, 1 80

호박꽃, 2 81

비치스파랜드 82

스타킹 83

까치 84

베고니아 꽃을 피우는 여자 85

싹쓸이 86

허수아비 87

대형 허수아비 88

꽃씨에 대하여 89

임자도엔 꽃 같은 사람만 가라—바람의 본적지 90

바람에 대하여 92

환경세 94

소나기 96

대나무는 휘어짐을 용납 못한다 97

꽃도 오르가즘을 느낀다 98

해설/이성혁

문명의 구원을 향한 생태적 사유 99

| 제1부 |

홍도는 리얼리스트인가, 로맨티스트인가

홍도는 리얼리스트인가, 로맨티스트인가 · 1

동백꽃보다
홍주를 파는
객주의 입술보다

선혈처럼 낭자한 노을 앞에
홍도는 스스로 경악한다
낭자한 노을의 익사체 한 구,

바다에 떠오르면
낮보다 점등하는
별빛이 아름다운 섬

홍주 한 사발에 웃음 한 사발
홍도는 리얼리스트인가
로맨티스트인가

홍도는 리얼리스트인가, 로맨티스트인가 · 2

홍도는
붉은 제국이다
고래 뱃속 같은 둥지가 좋아
이곳이 전부인 사람들
자기 몸을 꺾은 공양으로
해탈한 해송들
갖가지 형상으로 문신을 새기고
온갖 풍상을 이겨낸 바위들
바다의 비늘이 밀려오면
뭍의 사람들은 바다를 주워
햇볕에 말리고
말린 바다는
자기의 지문을 지우며
또 다른 생을 꿈꾼다

홍도는 리얼리스트인가, 로맨티스트인가 · 3

때론
정박한 섬은 무료하다
닻줄을 끊고
출항을 하고 싶어진다
은비늘 같은 물살을 가르고
수심이 깊은 바다로 나가
섬보다 더 큰 파도를 타고
큰 바다로 가고 싶어진다
고요가 복병처럼 찾아오는
여름이면 도지는 열병으로
포기 못한 출항의 꿈은
깊고 푸른 바다를 보는 것
정작 바다가 그리워
바다에 나와 보면
시퍼런 바다의 심장이 무서워
닻줄에 스스로 정박해버린 섬

명자

이웃집 할머니 장독대에서 명자를 만났다
울컥 치미는 핏덩이를 삼키려고 입을 틀어막다가
그만 절명해버린 명자가 거기 서있음을 오늘 보았다
결손가정에서 자란 명자는 어머니를 닮은 걸까
룸살롱 마담이 되어 화려한 생활을 한다는 소문만
들었을 뿐 명자를 만난 적이 없다
그러다 할머니 산소에 들른 명자를 만났다
반갑다는 인사도 잠깐 명자의 눈물을 닦아줘야 했다
폐암이라는 사형선고를 받았다며
왜 나는 지지리도 복이 없냐고
살고 싶다고 펑펑 울다 간 꽃 같은 명자가
꽃이 되어서 봄날의 전설을 이야기하고 있다

소금은 바다의 사리다

햇볕을 죄다 끌어 모아
염판에 불을 지피고
다비식을 준비하는 인부들
정제된 바다의 눈물들이
짜디짠 생으로 거듭나기 위해
육신을 태우듯 염분의 염기를 태우고 있는
인부들의 노동은 사뭇 거룩하다
파삭파삭 염분의 살점이 타는 소리
법정스님의 의식 같다
비우고 살아 비울 것도 없으련만
비워지고 버려지고 너무 가벼워서
나비 같은 날개 하나 없이
제 몸을 죽여 구도자의 길을 걸어 온
법정 스님의 수많은 사리들이
염판 위에 산처럼 쌓여있다

꽃의 파일을 해킹하다

몇 페이지의 텍스트를 저장하고 있는가에
벌은 온몸으로 후각을 동원하고
패스워드를 찾느라 온종일 붕붕거린다
아무래도 대갓집 규수 같은 목단이라면
천 개의 비밀을 보유하고 있지 않을까
몇 마일을 날아왔을 벌이 꽃과 접속을 끝내고
꽃의 텍스트를 읽느라 정신이 없다
꽃에게도 이렇게 많이 공개할 수 없는
파일이 있다는 것, 그 파일 속에는
천기를 누설할 수 없는 꽃의 비밀들이
문서화된 텍스트를 읽어내느라
텍스트에 빠져 시간 가는 줄 모르는데
안이 궁금해 기다리는 바람
세상이 시끄러울 것 같은 예감으로
제각기 촉각을 세우고 있는 새와 바람
밖이 시끄럽든 말든 벌은
무차별 꽃을 해킹하고 있다

4월

장전된 총구이다
탕— 탕— 탕—
백 미터 반경에서도
조준은 오차가 없다
봉인된 꽃들이 침묵을
깨고 옹알이를 한다
새들이 해독을 하느라
세상은 온통 시끄럽고
꽃들은 주변을 인식하느라
빠르게 세상과 접속한다
접속을 끝낸 꽃들은
봄날을 향해 총구를 겨누고
팽팽한 대치로 4월은
연일 유혈사태다

변종 바이러스

변종 바이러스의 목표는 거점을 확보하는 일이다
중간 숙주도 필요 없다 다이렉트로 치고 들어가
면역체계를 교란시킬 수 있는 지능범이라는 것
대상은 늘 대량이다 환절기를 틈타는 교묘한
술책도 아주 영악한 발상이라는 것 차세대 항생제쯤이야
내성이 내성을 길러 더 강력한 파워가 응축된다는 사실을
사람들은 또 긴장을 하겠지 그리고 또 차세대가 아닌
항생제를 개발하겠지만 밟으면 밟힐수록 강해진다는
사람들의 법칙과 다를 바 없는 변종 바이러스의 위력은
공격과 방어가 팽팽한 전쟁에 돌입하는 것이다
세포들이 긴장을 하고 백혈구는 계속 증식을 한다
만 단위의 백혈구 수치가 올라가면 오한 발열로
몸의 기능은 마비, 패잔병처럼 쓰러지고 나면
묻지 마 범죄와 별반 다를 바 없는 무차별 대상이다
시럽도, 캡슐도, 변종바이러스에겐 일시적인 처방일 뿐

자연요법인 뜨거운 옥수수차를 마시며
종들이 공멸할 때를 기다려야 한다는 것이
아직도 종들과 대치중인 내 지론이라는 것

무궁화꽃

교과서에만 무궁화가 있을 뿐 아이들에게도 어른들에게도 무궁화는 더 이상 나라꽃이 아닌 것 같습니다 호화로운 구 청사에도 대한민국은 없고 활엽수들만 깃발처럼 나부끼고 있습니다 내가 사는 곳에도 신 청사가 들어섰습니다 결속이라면 끝내주는 곳이 이 곳 아닌가요 근데요 이곳에도 대한민국은 없었습니다 결속이고 뭐고 너는 너 나는 나 국민으로만 살면 된다는 것 아니겠습니까 교활한 일본은 이 틈을 노릴 것 아니겠습니까 독도를 차지하고 야금야금 우리 대한민국을 또 노릴 것이 아니겠냐고요 북쪽에선 핵으로 협박을 하고 있는데도 대한민국을 기억하며 앞장서야 할 관공서들이 대한민국을 잊고 있으니 이러다간 영영 차세대는 무궁화가 뭐냐고 백과사전을 들춰보는 일이 생기지 않을까 걱정이 앞서는 걸 어쩔 수가 없네요

그 집의 내력을 알고 있다

햇볕마저 발걸음을 뚝 끊은 집
밤에 쳐다보면 무덤처럼 적막하다
지붕을 받들고 있는 기둥은
상전을 모시듯 받들고
거기다 깨지고 없는 장독 옆에
동백꽃 한 그루 보초병처럼 지키고
균열이 생긴 헛간에는
또 누군가를 향해 살의를 품은 듯
쇠스랑이 악착같이 세월을 견디는 동안
노숙을 하고 있는 국적도 없는 풀들이
햇볕마저 장악한 그 집에
동백꽃 조등처럼 불을 밝히고 있다

| 제2부 |

신장리에서

신장리에서 · 1

봄의 발원지가 저수지였음을 알았기에
빙하기를 건너온 남자는 맨 먼저 찾아와
봄의 입질을 기다리고 있다
물비늘이 흔들리는 다소 진부한 시간이지만
몇 모금의 음료를 홀짝이며 기다림의 내공을 쌓는 법도
때로는 해볼 만한 일이라고 남자는 생각한 것 같다
우듬지에 둥지를 튼 까치들의 들락거리는 소리에
적멸에 가까운 고요가 조금은 깨지는 것도
햇귀처럼 귀가 밝아짐이 좋다고 생각하는 남자
마른 빨래처럼 햇볕을 널어놓고
잡풀더미에 벌레처럼 몸을 눕히고
봄을 입질하고 있다

신장리에서 · 2

빼거덕빼거덕
팔월의 아침은 들판을 질러오고
아침보다 먼저 일어나
수다를 떠는 제비들 소리에
풀잎의 푸른 정맥들 또르르
노숙한 지렁이 육두문자로 일어나고
저수지에 붕어들도 비늘을 말리느라
온통 저수지는 쏭 쏭 쏭
깨어난 마을도 입맛을 잃은 듯
숭숭 찬물에 밥을 말며
아침을 싣고 온 마차는 짐 부리듯 아침을 내려놓고
눈인사도 없이 빼거덕빼거덕 가고
염려가 되는 제비들 마차를 따라가며
괜찮아요? 괜찮아요?

신장리에서 · 3

김장을 끝으로
신장리는 동면에 들어갔다
이미 동면에 들어간 산과 들
생산라인을 중지하고
비상구마저 봉쇄한 채
팔딱거리는 숨소리만
귀 기울여만 들을 수 있는
신장리는 적막이다
마을도 꼭꼭 문을 닫고
굴뚝에서 연기 한 줌
피어오르면 새들마저
집을 찾느라 적막 속으로
들어가면 신장리는
침몰하는 배처럼
서서히 가라앉고 있다

신장리에서 · 4

팽개친 삽자루처럼
버려진 겨울 들판

캐다 버린 고구마는
이빨 자국이 선명한

상처들로 곪아가고
구멍이 숭숭 뚫린 폐비닐은

기관지 천식으로
그르렁그르렁

버려진 겨울 들판은
배고픈 짐승 같다

신장리에서 · 5

신장리 치안은 아직은 안전지대다
초입을 들어서자면 집집마다
보초병처럼 안테나를 세우고
불순분자를 검색해내는 개들의 키워드는
소리를 입력, 분석이 끝나면
소리로써 소리를 전달
어둠에 잠긴 마을도
복병처럼 숨어있는 대숲의 바람도
말똥말똥 눈빛으로 불을 밝히면
불청객들 오금이 저리다

신장리에서 · 6

—팔월의 끝

화농이 든 고추도 1층도 2층도 모자라서
옥탑방까지 집을 늘린 참깨도
제 푸른 몸을 먹고 여물어가는 서리태도
팔월의 끝을 통과하지 못하면 이름은 없다
이름을 얻기 위해선 화상 정도야
팔월의 직인이 찍힌 졸업장이라면
인증서도 필요 없는 무공해로
우량종으로 주목을 받겠지만
달군 냄비처럼 끓고 있는 태양열은
지표면을 폭력처럼 휘두르고
그 폭력을 피해서 살아남은 짧은 생이여
인내는 쓰고 열매는 참으로 달다

신장리에서 · 7

—콩밭에서

실핏줄만 남은
콩잎의 포식자를 찾아야 했다

조심스레 확대경을 들이대자
위장술은 아니지만

나들이를 나온 가족처럼
방아깨비 새끼를 업고

오후 새참을 달게 오물거리며
얘야, 부지런히 먹어

인간들도 좋아하는
밭에서 나는 소고기야

신장리에서 · 8
—바다

혼자 사는 사람 같았다
들고 나는 시간도 늘 불규칙했다
나와 마주할 때는 그는 멀리 출타 중이었다
호기심이 발동했고 그의 행적을 캐고 싶었다
호미로 바지락을 캐듯 그의 행적을 한 개 두 개 캐는 동안
빈 그물을 매고 바쁘게 들어오는 그와 눈이 마주쳤다
허탕질을 한 어부처럼 힘든 노동을 한 것 같았지만
그의 얼굴은 거룩해 보였다
그가 뚝방에 걸터앉아 뻘 묻은 장화를 털며 찢어진 그물을 깁고 있다
쇄골이 들어난 어깨였지만 영양실조는 아닌 것 같았다
희끗한 머리털도 단정했다
왜 혼자며, 무슨 일을 하느냐고, 묻고 싶은 걸 참았다
전혀 주변을 의식하지 않는 그의 행동 앞에 주눅마저

들었다
슬그머니 뒤돌아서면서 그를 훔쳐봤다
그가 바다로 그물을 던지자 그물에 바다가 올라왔다
고기처럼 파닥거리는 바다를 낚고 있는 그의 모습은
세상을 낚고 있는 어부 베드로였다

신장리에서 · 9

—가을서곡

관악기 현악기도 아닌
악보도 음계도 없지만
누군가 연주하는 애절한 음률
탬버린 소리 같기도 하고
호루라기 소리 같기도 하고
또 구슬이 구르는 것 같기도 한
2중주 3중주의 구성된 화음들이
천지에 가득하다
궁금해 창문을 열어보니
지휘자도 관객도 없는 뜰 한 편에
하나님이 계셨다

신장리에서 · 10

덧에도 용케 살아남은 노루들이
논으로 내려와 질주하는 경마처럼
깜짝쇼를 하고 있는 광경을 바라보는
동네 사람들의 생각은 각각이었다
포수가 아님을 후회했고, 회춘할 것 같은
노루의 피가 탐이 났고, 육질이 눈앞에 삼삼해
저놈들 보게 저놈들을 외치는 동안
선임병의 구령처럼 좌로 우로 원위치를
반복하며 시야로 좁혀오는 노루들은
봄을 장악하려고 산에서 내려 온
테러리스트라는 것을
충돌을 피하기 위해선 내가 나서야 했다
양동이를 두들기며 달려 나가자
좁혀 오던 노루들이 봄을 팽개치고
일제히 산을 향해 내달리고 있다

신장리에서 · 11

금가루가 쏟아지고 있는 들판에
광맥을 찾으러 온 사람들처럼
봄의 광맥을 열심히 캐고 있다
냉이며 쑥이며 달래 등이
농축된 비타민으로 거듭나는
훈장처럼 빛나는 순간이다
지천으로 돋아나는 봄의 광맥들
허가증도 필요 없고
처방전도 필요 없는
천연 비타민
온 천지가 광산이며 광맥이다
금이 금값이지만 금값보다
더 귀한 노다지를 캐는 일이다

| 제3부 |

빌라도는 날마다 죽는다

빌라도는 날마다 죽는다 · 1

1.

은 30에 잡혀온 예수는 빌라도 법정에서 밤새 심문을 받고 있다 너는 누구냐 너는 누구냐 집요한 빌라도의 심문에도 아랑곳 하지 않고 정확한 발음으로 장차 올 메시야라고 대답을 반복하고 있는 예수를 향해 요즘은 죽은 자도 살린다는데 주술가인가 아니면 접신을 잘하는 무당인가 독이 오른 독사처럼 목을 세우고 종용을 강요하고 있다 순간 갈릴리 호수처럼 예수의 눈빛이 원망과 연민으로 일렁였다 빌라도는 그 눈빛의 의미를 부여하려다 예수의 눈빛에 끌려 한참을 허우적거렸다 다시 생각을 정리하기 시작했다 몽상가 철학가 혁명가로 결론을 내리기엔 입안이 텁텁했다 아내의 꿈 이야기도 걸림돌이었다 다시 한 번 묻겠다 너는 누구냐 너는 누구냐 처음과 똑같은 대답을 듣고 있던 빌라도는 너는 몽상가야 몽상가라고 말을 하면 석방을 제의했지만 예수는 하나님의 아들이며

장차 올 메시야이며 하나님의 뜻에 순종할 뿐이라고 했다 빌라도는 손을 씻었고 탕 탕 십자가 처형을 선고했다

2.

분노와 연민과 슬픔이 뒤엉켜 나자빠진 골고다에서 십자가를 진 예수는 죽었다 두 사내가 골고다를 내려오면서 우리가 속았네 메시야가 아니란 말일세 삼일 만에 부활한다고 그랬잖아 그렇지만 아닐세 우리가 속았어 속았다고

3.

도시도 사람들도 일상으로 돌아간 것 같았다 예수의 사건에 연루되지 말라며 충고를 거듭했던 아내도 빌라도도 달콤한 행복을 즐기고 있었다 그리고 며칠 후 보고를 통해 들은 정보는 예수가 삼일 만에 살아났고 추종자들은 천 명 만 명 기하급수로 늘어난다는 큰 사건이었다 눈만 뜨면 사람들의 눈과 귀는 예수를 향해 있었다 신중하지 못한 빌라도의 후회는 비극적인 사건으로 빠르게 전개되었다 빌라도를 신임했던 직속상관은 처형당했고 빌라도

의 희망은 거세당하고 있었다

4.

빌라도는 쥐새끼처럼 몸을 숨겼다 공포와 후회가 소름처럼 날마다 돋아났다 예수는 누구인가 예수는 누구인가 갈릴리 호수보다 더 깊은 예수의 눈이 자꾸만 오버랩 되었다 날마다 세상은 뒤집어지고 예수는 날마다 살아 있고 빌라도는 날마다 죽어가고 있다 발을 붙일 곳이 없는 빌라도는 시궁창에서 오물을 먹고 시궁쥐가 되어가고 시궁쥐의 배설물을 빨고 있는 똥파리들은 빌라도의 항문을 빨고 있다

빌라도는 날마다 죽는다 · 2

1.
저들은 도무지 구원받지 못할 방관자였다

2.
어린 양의 손과 발에 대못을 박는 망치 소리를 방관했고 혈관을 관통하는 고통을 방관했고 무수히 피어나는 피꽃을 방관했고 거룩한 죽음을 묵인했다 저 무지한 방관죄가 빌라도에게 전가될지는 빌라도는 예상이라도 했었을까

3.
군중의 손을 지지함으로 정치적 기반을 다지려는 빌라도의 계산은 샴페인을 터트린 지 3일도 안 돼 스스로 무덤을 팠다는 사실 앞에 빌라도는 무바라크보다 더 절망했고 두려움으로 잠들지 못했다 예수는 정치가도 혁명가도 아닌 구원자였음이 껍질을 벗긴 양파처럼 낱낱이 벗겨졌다

천지가 진동했으며 성소휘장이 둘로 나누어졌으며 바위가 터졌으며 무덤이 갈라졌으며 무덤에서 일어나 언제 그랬냐는 듯 제자들 앞에 나타난 예수의 죽음과 부활이 세상에 화두가 되고 그 화두는 세상에 지워지지 않는 활자로 배달된 신문처럼 날마다 배달됐다 빌라도는 배달된 신문을 날마다 접하며 목숨을 구걸할 궁리를 계획했다 그러나 이미 하나님은 가롯유다를 버리듯 빌라도를 버렸다

4.

서서히 임박해 오는 죽음 십자가 처형도 허락되지 않았다 독사가 들어 있는 자루 속으로 던져진 빌라도는 아주 천천히 죽어갔다 반쯤 죽은 빌라도 앞에 나타난 예수의 얼굴 아니 정확히 그 눈빛이었다 아주 고요하고 가끔은 격정적인 파도처럼 일렁이는 깊고 깊은 눈 빌라도는 예수의 눈 속으로 익사하고 싶었다 구원시켜 달라고 애원하고 싶었다 그러나 빌라도가 예수를 방관했듯 예수도 빌라도를 도무지 알지 못한다며 돌아섰다

제비

수차례 경고를 무시한 채 현관에다 집을 짓는 제비들
주인을 무시하는 처사가 괘씸하여 남편에게 철거를 요청했다

우리말을 엿들은 제비들 지상권을 주장하며
우리를 빙 둘러싸고 철거만 해보라고
깨알 같은 눈을 치켜뜨고 공중 시위를 한다

우리의 터전을 보장하라
우리의 터전을 보장하라

무단침입죄 고성방가죄로 집어넣어 버려
남편의 목울대가 꿈틀하는 데도
천막 농성도 불사하겠다는 충혈된 저 눈

달동네 사람들 같다 달동네 사람들
결국 포기각서 대신 빗자루를 버렸다
농성은 해제되고 평화로운 봄날이다

탄탈로스의 비극

탄탈로스의 비극

차라리 어미의 살점을 먹으라지
물 한 방울만이라도 혀끝에 묻혀달라고
나사로에게 애원했던 부자도 그랬을까

죽기를 거부당하는 형벌 앞에
독사가 내 발뒤꿈치를 물어준다면
유황불에 던져만 준다면

희망사항은 희망사항일 뿐
차라리 어미의 살점을 먹으라지
오드득오드득 짐승의 뼈를 씹듯

차라리 그게 나으리

그게 나으리 그게

* 탄탈로스 : 그리스신화에 나온 인물.
* 나사로 : 성경에 나온 인물.

간장 게장

소량의 비린내가 좋다고
아니 바다냄새가 좋다고

코를 큼큼거리며 식탁 앞에 앉아
지분을 분배하듯 지분을 기다리는 가족들

여자가 가위를 들고 네 등분을 계산하며
게의 등딱지를 밀어 올리자

박리된 생리혈이
코렐 위로 쏟아진다.

가족들은 군침을 삼키고
무수히 피꽃을 피어내고 있는 여자는

죄를 은폐하려는 납치범처럼
식탁에 남겨진 혈흔들을 재빠르게 닦아낸다.

납치범을 잡았다는 속보가 들린다.
저런 인간들은 사형시켜야 하는데

폐지법은 통과되었나?
쉬잇 상황 판단을 못하는 남편에게

산란기잖아요 그래서
그래서라니 여자의 음성이

접시 깨지듯 와장창 깨지고 있다

청산도

배낭 속에 숨어들었던 배추흰나비

청산도에 도착하자

표백된 햇살 속으로 앞서 가고

수채화 같은 유채꽃과 보리밭을 지나

당리에 도착하면 나비가 되고

꽃이 되고 바다가 되어

서편제를 뽑아내는 푸른 가락들

파꽃처럼 둥둥 피어난다

모기와 전쟁

웽 소리로 봐선 식욕이 왕성한 것 같다
이미 목표물을 포착한 듯 접근을 시도하고 있다
당할 순 없어 청신경에 안테나를 세웠다
웽 소리가 저공 고공으로 비행을 하다가
방어를 뚫지 못하고 잠시 후퇴하는 것 같다
시간은 새벽 2시를 지나고 있다
작전을 종결하고 싶은데 움직임이 없다
신경전을 하자는 것일까
시간은 낙엽처럼 쌓여가고
포긴가 아니면 작전을 바꾼 것일까
눈꺼풀은 무겁게 내려앉는데 웽
곡예를 하듯 앉았다 떴다 교란작전을 펼치고 있다
전면전을 선포했다 죽든지 허기를 채워주든지
화생방 경고와 함께 식구들은 대피를 하고
에프킬라 대량 살포로 죽어가는 모기를 보며
나치는 유태인을 이렇게 학살했겠지

채혈실

—주사기
소량이든 대량이든
눈금 따윈 관심 밖이다
맛있게 흡입하고 있는 드라큘라가
이름을 불러줄 때이다
제발 먹어줘
맛있게만 먹어줘
지루함이 지루함을 삭혀
누룩처럼 부풀어 오를 때면
슬슬 도망치고 싶다
드라큘라를 마술처럼 다루고 있는
또 다른 드라큘라에게
이젠 질려서 못 먹겠다고
싱싱한 피를 먹었으면 좋겠다고
고개를 돌려보지만

강압적인 고문이다

찌든 담배 냄새도 싫어
화장품 냄새도 싫어
어서 폐기 시켜줘
급해 제발

내 땅에서 껍데기는 가라

목포에 허름한 점포 유리창엔 내 땅에서 껍데기는 가라는 큰 서체의 제목과 제목 밑에 작은 문구들이 빼꼭히 붙어있다 그 곳을 지날 때면 점포 주인과 제목의 문구를 읽고 가는 사람들의 마음이 궁금해 혼자 유추해볼 뿐이다 애국자 또는 이교도의 광신자로 속단할 수밖에 없는 내 한계도 문제일 수 있다 그러나 신동엽 시인이 또 없으란 법도 없다 이 분은 돼지껍데기만도 못한 껍데기는 목포에서 가라고 명령을 하지만 사람들은 전혀 문제 삼지 않은 것 같다 두 가지 측면으로 또 유추가 필요하다 하나는 목포엔 알맹이만 있다는 것 둘은 자신이 껍데긴지 알맹인지 모른다는 것 누구 하나 칭찬도 반대도 없는 침묵의 시위를 하고 있는 그 분께 묻고 싶다 껍데기는 누구고 알맹이는 누군지를

봄

은밀한 모의가 이루어지고
며칠 후
혁명은 일어났다

펑 펑 터지는 대포소리에
이념은 전복당하고

피우고 말겠다는 신념들이
저지선을 뚫고

선혈을 게워내며
아파트 담장을 차지한다

홍시

바람과 햇볕이 안부만 묻고 간
폐가 앞마당에

대롱대롱 매달려 있는 것이
단죄를 받고 있는 헤스터 같다

해인지 홍시인지 잠시 착시를 느낀
새 떼들이 붉은 살점을 먹기 위해

육박전 공중전 지상전
흙바닥에 잔여물까지

흔적도 없는 허기란
얼마나 무서운 일인가

단죄를 받는 것보다
허기란 전쟁과 살인의 주범이라는 것

* 헤스터 : 주홍 글씨의 여주인공.

아직도 탯줄을 끊지 못하고

감나무 꼭대기
농창 익은 홍시
아직도 탯줄을 끊지 못하고
해처럼 걸려있다
허기진 가을볕도 주변을 맴돌며
뱀처럼 한입에 삼킬 생각을 하는지
연신 혓바닥을 날름거리는데
삼신할미는 뭘 하는 거야
어서어서 내보내야지
아니 밀어내 밀어내라고
발을 동동 굴러 봐도
되레 햇볕을 낚아채
고봉으로 햇볕을 먹고
놓아줄 때를 기다리고 있는
존재의 이유라고나 할까

낙엽 떨어진 어느 날
통증도 없는 탯줄을 끊고
스스로 자폭하고 있다

안개에게 감금당했다

납치는 아니었다
잘못 들어선 길 때문에
무단 침입자로
곧 바로 감금당했다

식별할 수 없는 정체가
내 손발을 묶고
감시를 하고 있다는 것을
느낌으로 인지할 수 있었다

무덤 속 같은 고요가
도둑고양이처럼 소리를 죽이고
시간을 넘어오다 시간의 부스러기들이
떨어지는 소리에 정체들도 귀를 쫑긋

느낌과 느낌이 탐색을 하느라
오감을 다 동원해 놓고
천국과 지옥을 상상하는 동안
시간들이 정체들을 압박하는지

어딘가에 전문을 보낸
정체들은 이동을 준비하며
가다가 떨어뜨려버려
쥐도 새도 모르게

북항

—자연산횟집

분양은 안 되고 임대만 되는 바다이다
그 바다엔 숭어 돔 광어 농어 낙지 소라 멍게 해삼
이름도 외울 수 없는 바다것들이 좁은 바다를 유영하며
미식가를 위해 대기 중이다
미식가의 자본은 자본의 꽃이며 총구이며 칼이다
무게를 다는 저울 앞에서 바다는 격하게 출렁인다
바쁘게 재단을 준비하는 손길 위로 재물이 된 비린 생
잎새주에 입술들이 축포처럼 외치는 원-샷과 함께
빗살무늬 살점들이 바다처럼 누워 미식가의 입 속에서
거센 파도처럼 출렁인다 장꼭토의 시도 출렁인다
불쾌한 입술들이 잎새를 주문하는 소리에
북항은 갈지자로 휘청인다 달빛도 휘청인다
자연산 횟집이란 간판도 휘청인다
자본의 꽃이 양귀비꽃보다 붉은 저녁이면
북항은 온통 비린내의 서식지가 되어
비린 자본들이 파도처럼 몰려온다

빈집

마당에 서있는 복숭아꽃은 봄이 되면
국기를 게양하듯 조등을 걸었다가
봄이 지나면 조등을 내린다
발라먹은 생선처럼 뼈만 앙상한 문짝과
환관의 무덤처럼 등이 굽은 집
마구 버려진 질그릇과 짐승의 배설물이 썩어가는 집
어쩌다 선악과를 따먹은 이브처럼
복숭아를 따먹다 뱀에 물려 죽고 나서
접근 금지란 팻말도 필요 없는
슬픔마저 유배된 집
혼자 남은 복숭아꽃만 제 몸을 키우며
우물보다 더 깊은 슬픔을 삽질하고 있다

자연산 횟집

—목포 북항

사는 게 하도 폭폭해 바다에 간 적이 있다
손사래를 치며 달려오는 바다의 눈빛에 끌려
담갔던 발을 빼고 염려를 하는 바다와 함께 돌아 온 곳이
자연산 횟집이다 누가 주인이고 누가 세입잔지 그 날부터
바다와 그녀는 동거에 들어갔다 말 좋아하는 사람들은
바다와 그녀가 내연의 관계라고 숙덕거렸지만 바다와 그녀는 개의치 않았다
온통 자연산 횟집은 고화질의 화면처럼 바다가
펼쳐졌고 선율이 고운 파도는 날마다 건반을 두드렸다
바다의 신발들이 몰려왔다 그녀는 바다의 신발들을 정리하느라
정신이 없다 매운탕을 끓이는 그녀의 손맛에도 조미료가 필요 없는
바다의 냄새가 폴폴 호객을 하지 않아도 조금사리가

아니어도

자연산 횟집은 깃발을 세우고 돌아오는 만선이다

그녀와 바다는 계약이란 단어를 모른다

그녀가 자연산 횟집을 떠나는 날 바다와 결별이겠지만

그녀는 등 푸른 생선 같은 바다가 좋아 떠날 생각이 없다

어제도 오늘도 횟집은 자연산 횟집이다

감자에 대해서

세상과 내통하지 않고서야
우랑감자로 변신할 수 없다
천하를 평정하기 위해선
모사꾼에 능통한 조조처럼
얼마나 많은 햇볕과 바람과
비를 끌어들였을까
날마다 전략이 필요했다
머리를 싸매고 썼다 지웠다
수백 번 감자는 제 몸을 키우며
유월 꽃으로 답례를 마친 감자는
튼실한 우량감자로
천하의 식탁을 평정하고 있다

산수유

아기가 칭얼거리자

아기 배를 만져 주며

엄마 손은 야악손

엄마 손은 야악손

엄마의 마음을 알기라도 한 듯

꾸룩꾸룩 산비둘기 우는 소리

엄마 손은 약손 엄마 손은

주문이 걸렸는지 푸다-다닥

오메 산수유 피었네

그녀에겐 배후가 있다

1.

멍하니 놀이터에 앉아있는 그녀를 만났다 느낌이 좀 이상해 수아엄마 어디 아파요 어깨를 툭 치자 미동도 않던 그녀가 갑자기 겨드랑이를 미친 듯 긁어대며 날개가 돋네 봐 날개가 돋고 있어 비늘 좀 떼어줘 어서 비늘을 수아엄마 왜 그래요 수아엄마 어깨를 심하게 흔들자 그녀는 언제 그랬느냐는 듯 졸린다며 집으로 간다 그녀의 뒷모습을 보며 정신질환을 앓고 있다는 사실을 눈치 챘어야 했는데 바쁘게 한 주가 흘러갔다 저녁시간이었다 급하게 현관을 두드려 나가보니 수아가 맨발로 아줌마 얼른요 얼른 독촉하는 수아를 따라 들어 간 그녀의 아파트는 역한 냄새로 구역질이 치밀었다 수아가 옷장을 가리켰다 그녀는 옷장 속에 웅크리고 앉아 오들오들 떨고 있었다 수아엄마 저에요 저 몰라요 무무 무서워 살쾡이가 죽이려고 해 무무 무서워 저기도 있고 여기도 저리가 오지 마

오지 말라고 해 날카로운 비명과 함께 옷장에서 뛰어내려 순식간에 베란다로 달려가고 있다 수아와 나는 그녀의 발목을 간신히 붙잡고 끌어내렸다 수아야 119 불러

2.

그녀는 정신병동에 입원을 했다 유전적인 면은 배재하고 환경적 생화학적 요인으로 접근해볼 때 도파민 과잉이 원인이 아닐지 시간을 두고 관찰해야 한다는 불확실한 진단의 말을 그녀의 동생에게서 전해 들었다 한 달 후 병문안을 통해 만난 그녀는 생기가 돌았고 아주 잠깐씩이지만 짧게 웃기도 했다 퇴원해서 봐요 그녀는 내 등을 향해 고마워 한턱 쏠게 특유의 고음이 듣기 좋다고 생각했는데 우리를 안심시키려는 배후가 있다는 사실을 의사도 짐작을 못한 것 같았다

3.

퇴원을 한 그녀의 맨탈은 정상이었다 놀이터에서 수아의 그네를 밀어주는 그녀를 자주보곤 했다 뼈만 남은 나무들의 울음소리가 괴이하다고 느끼던 날 물밑 작업을

마친 그녀의 배후가 그녀를 리모컨 다루듯 숫자를 찍고 있었다. 그녀는 찍는 숫자대로 움직이느라 눈이 벌겋게 충혈이 되었다 삼일 째였다 수아가 문을 두드렸을 때는 그녀는 그녀가 아니었다. 날개가 돋은 새가 됐다며 집안을 퍼덕이며 난장판을 만들고 있었다 깨진 유리를 밟은 수아의 비명소리에 수아를 향해 달려가는 사이 빛보다 더 빠른 순간 같았다 베란다문이 열리고 펑 하는 타이어 펑크소리가 들렸다 그녀를 리모컨처럼 다룬 배후의 정체는 아직도 연구대상이다

| 제4부 |

여자는 베고니아 꽃을 피우는 중이다

알츠하이머
—작은어머님

작은어머님의 컴퓨터는 아들이 심장마비로 죽기 전까지는 접속불량이었다 부품만 교체해 주고 업그레이드만 했으면 재활용으로 가능했을 텐데 자식들은 어머니의 컴퓨터에 관심이 없다 아들이 죽었다는 비보를 접해도 컴퓨터는 인식을 못했다 나를 보고도 댁은 누군가? 그리고 손뼉 치며 박장대소했다 아들이 죽고 가족들은 재산문제로 해체되고 컴퓨터는 딸네 집으로 폐기 처분당했다 코드를 빼버린 컴퓨터는 먼지만 수북이 쌓여가고 어느 날 딸의 실수로 코드를 꼽는 순간 컴퓨터에 파란불이 들어오고 컴퓨터의 커서가 깜박거렸다 나 갈란다. 큰애 집으로 뛰쳐나가선 교통사고를 당하고 컴퓨터의 메모리는 석남동 골목길에다 와르르 쏟아버렸다 발길에 채여 쓰레기통에 처박힌 한 개의 메모리가 집을 잃은 아이처럼 훌쩍거리며 엄마 엄마

무공해란 없다

붉은 털이 숭글스런 벌레들이
매화나무를 점령하고

세상에서 가장 편안한 자세로 엎드려
매화잎을 먹어치우고 있다

한두 마리도 아닌 그것도 집단으로
순간 무공해란 없다는 것이었다

잠시 방심하는 날엔
당할 수밖에 없는
생존과 생존의 비등점 앞에

죽고 죽이는 싸움이 빈번하다 보면
저들도 집단으로 강해지고

화공약품도 더 강해지고
무공해란 있을 수 없으며
친환경이란 패러다임도 없다

차라리 저 농약이라고
말해야 양심적이다

호박꽃 · 1

밤이나 낮이나
제 핏줄 키우느라
호롱불 밝혀놓고
밟힐까 떨어질까
애달픈 심사도 모른
꿀벌 한 마리
호롱불 속에서
꽃술을 슬-적
화촉이라도
밝히려나.

호박꽃 · 2

덤 하나 더 주는 아주머니 같다가
옥수숫대를 밟고 올라가는 얌체 같기도
땅 뺏기 선수인 순심이 같다가
양푼 같은 웃음을 웃는 것을 보면
영락없는 지고지순인 것 같다가
지 새끼 주렁주렁 품에 안으면
세상에 없는 새끼들 마냥
어르고 달래고
까르르 까르르 웃는 소리
대낮보다 더 환하다

비치스파랜드

자본과 유착된 낙원
무화과 잎은 무성한데
실과도 없는 낙원
삼삼오오 바가지 커피를 끼고
보석방에서
참숯방에서
하하 호호
세상 속으로 뛰어드는 불나비 같은
하나님의 말씀은 없고 세상만 있는
생각은 없고 몸만 있는
구원 받지 못한 낙원의 이브들
죽은 낙원에 앉아 시간만 축내고 있다

스타킹

묻지 마 사건이 연일 매스컴을 타고 있는데
고물상 폐품더미 위에 여자의 하반신이 버려져 있다
순간 당했구나 착각을 한 행인 어휴 끔직해
자신을 아무렇게 버려버린 아니면 누군가 유기했을
방치하기엔 분분한 사건들이 연관되어
비닐 봉투에 여자의 하반신을 구겨 담으며
여자의 사생활을 추적하고 싶다
살색에 가까운 올은 나가지 않음
뒤꿈치가 약간 헐거움으로 봐선
세상에 무서울 것이 없는 나이 든 여자라는 것
이목은 안중에도 없고 자신만 있는
나이 든 여자라면 가능한 일
그런데 어쩌나
늙은 생을 절단하는 실수도 모르는
바로 자신이라는 것

까치

아카시아꽃이 한창인 해거름
까치의 목청이 시끄럽다
요이 땅 뛰어내려 다시 한 번 요이 땅
뛰어내려 뛰어내리라고 겁먹은 새끼들을
아래로 밀어내자 엄마야
낭자한 비명과 함께 휘청거리며
불안한 착지로 내려 앉는 새끼들
여새를 몰아 이젠 올라가는 거야
어서 어서 요이 땅
연 날리듯 새끼들을 올려 보내며
위만 봐 위만 보라고
어미의 목청에 놀라 날개를 편 새끼들
나무 위로 사뿐히 비상을 한다
장하다 얘들아 장해 새끼들을 품에 안으며
이젠 너희 인생이란다

베고니아 꽃을 피우는 여자

염탐을 하고 있는 햇볕들이 수상했다
베란다 유리창에 바짝 붙어 침입을 시도하려는
간 큰 도둑처럼 여자는 신나게 아침잠을 때리는 중이고
인내심이 부족한 간 큰 도둑은 잠금장치를 풀기 위해
드르륵 드릴을 들이대고 개꿈을 꾸다 놀란 여자처럼
벌떡 일어난 여자 베란다 창문의 잠금장치를 해제하자
올챙이 같은 햇볕들이 한꺼번에
문턱을 넘어 거실 바닥으로 유영하고 있다
오랜 침묵에 말을 잃은 붙박이장도 우지직 말을 트고
장식장 위에 놓아둔 베고니아 꽃도
요실금 환자처럼 찔끔찔끔
분비물을 지리더니 뭉클뭉클 생리혈을 쏟고 있다
꽃들도 생리를 하는 거라고
경이로운 통증이 여자와 교감하는 순간
여자도 베고니아처럼 꽃을 피우고 있다

싹쓸이

요즘 싹쓸이를 당했다는
농부들은 허탈감에 빠졌다
뒤늦게 대책마련으로 신경을 쓰는 동안
간밤 마당에 나뭇잎들도 싹쓸이를 당했다
몇 백 평을 싹쓸이 하려면 사람 몇 명은
동원했을 것이고 사단은 돼야 해치웠을
몇 십 년 나무들은 뼈만 남아 세울 대책도 없다
민망한 알몸을 감추느라 꺾인 뼈들이 흉상처럼 서있고
흉상을 지켜본 사람들은 예전에는 없었던 일이라며
나무들의 싹쓸이가 신이 준 경고라고 했다
새만금의 지도를 다시 써야 하고
절개된 산의 지형도도 다시 써야 하는
자연을 파괴하는 인류의 재앙은
예고편이 아닌 우리의 현실이란 것이다

허수아비

더러 남은 새들이 가을을 통과하고
이정표처럼 서있던 허수아비는 갈 바를 몰라
출구가 닫힌 신장리 들판에 혼자 남아 있다

마른 볏단처럼 삭은 뼈들이 더 말라가고
이식한 인공심장은 점점 느리고 약하다
심장을 쪼아 먹던 새들도 발길을 끊었다

유언이라도 남기고 싶은 듯
눈동자를 세우고 누군가를 기다리지만
앞서 온 겨울바람만 전야제를 하듯

북 치고 장구 치고 오리들은 우왕좌왕
소란스러운 소리에 나온 농부
조심스레 안락사를 시키고 있다

대형 허수아비

금방이라도 때려잡을 것 같은 액션을 취하고 있는
대형 허수아비의 등장을 보면서 자본주의 미명 아래
세대 간의 고정관념은 연대별로 나뉘고 있다
대형이란 마케팅은 전략적인 성공을 거뒀지만
이젠 자연의 법칙에도 대형이란 마케팅을 접목하는 시대
과연 들판에서 대형 마케팅이 성공할지
내년 보리 수확량을 보면 알 수 있겠지만
쌀도 남아돈다는데 들짐승에게 적선 좀 하면 덧나나
훼손되는 고정관념이 안타깝다

꽃씨에 대하여

몸을 섞지 못하고
표류하고 있는 꽃씨들
첫 서리로 동사하고
몇몇 꽃씨들
흙과 섞이기 위해
웃음이라도 팔 최후의 선택도
아랑곳 않는 흙의 거만 앞에
정말 개떡 같은 세상이야
임대할 여유라도 있었다면
계약 위반이라고
항변이라도 해볼 걸
차라리
뒤집어졌으면 좋겠다
모조리 다

임자도엔 꽃 같은 사람만 가라
—바람의 본적지

바람의 본적지는 바다이다
바람이 본적지를 떠나는 일은 썰물 때뿐

시차는 다르지만 썰물 때면
마을에 있는 느티나무 꼭대기가

까치들의 거주지이고 바람의 임시 거주지이다
가끔씩 까치들과 바람의 세력 다툼이 격렬하면

마을은 꼭꼭 문을 닫고 두문불출
오늘은 출타 중이라는 명패가 걸려 있다

소란은 없을 것 같다 그러나 웬 걸
혼자 있는 법을 도무지 모르는 바람은

악동처럼 장난기가 발동한다
이 집 저 집 기웃거리면서

빨랫줄에 빨래들을 팽개치고
채전밭 장다리꽃도 팽개치고

마을도 팽개치고 순식간에 엉망진창
다급해진 대기리 이장 알려드리겄서라우

바람을 잡어야 헌께 연장들 챙겨서라이
싸게싸게 나와야 쓰겄당께요

바람에 대하여

시베리아에서 망명 온 바람은
세계 이목도 아랑곳없이
혁명의 바람을 또 주도한다

각지에서 모여든 바람
이념을 위하여 건배를 외치자
마당에 그릇들이 와장창

꽤 중량감이 느껴진
바람들의 과제는 죄다
쓸어버리는 것

포효하는 짐승의 소리가
지나갈 때마다 우수수
떨어지는 낙엽

반역이란 있을 수 없다
문설주에 짐승의 피가 없는 한
피할 수 없는 신의 영역처럼

혁명군에 당한 낙엽
화장장에서 한 줌의 재로
다시 환원하고 있다

환경세

집집마다 납부고지서를 받았다
세목은 환경세 금액은 백만 원
사람들은 통일세는 들어봤어도
환경세는 들어본 적이 없다고
마을 이장집으로 다 몰려갔다
한갱세가 뭣이간디 안 내면
곡식 한 톨도 못 준다는디
이장 돋보기로 고지서를 읽으며
보낸 사람이 하나님이라고 적혔는디
하늘에 하나님말이여
쿡쿡들 웃으며
대그박이 워째게 된 놈 아니여
궁금하믄 전화를 하라고 했는디요
그럼 전화 해보믄 알것네
1004-1004-1004

여보쇼이 한갱세땜시 전화했소이
뭣이라고라우 우들이 내삐린
폐비닐 값 그라고 머라고라이
20년 동안 밭에 삐린 제초제 200통
논에 삐린 농약 300통
땅이 죽겄다고 이잔 쉬고 싶다는디
휴식을 줘뿔믄 느그들 괜찮다믄야
얼굴 빨개진 이장
낸당께요 다들 내고 말고라우

소나기

기습적인 게릴라작전
대포소리 펑펑 터지고
파열된 흙의 내장이
벌겋게 뒤집어지는데
방향을 잃고 허둥대는
개구리 한 마리
처마 밑 장닭
게릴라처럼 기습한다

대나무는 휘어짐을 용납 못한다

대나무는 저만 닮으라 한다
꼿꼿함만이 명분이다
그러나 그 명분에 흠집을 내는 것이 있으니
바로 불청객 바람이다
요즘은 막돼먹은 세상이라 바람도 테러를 당한다고 한다
칼침으로 각목으로 수법도 다양하지만
고스톱으로 치자면 피박을 쓰는 건 대나무다
테러를 당하는 날 짐승 같은 울음을 울면
사람들은 대나무가 운다고 하지만
휘어지지 않기 위해 안간힘을 쓰는
몸부림이라는 것
대나무에겐 휘어짐은 용납할 수 없기 때문이다

꽃도 오르가즘을 느낀다

꽃이 햇볕을 충전하고 있다
4월의 아침이 녹색으로 자동변환
버튼을 누르자 꽃이 일제히
내밀한 나신을 전부 까발리고
한 장의 춘화처럼 낯 뜨거운
정사를 하고 있다
꽃의 더운 숨결은 천지를 달구고
새도 바람도 비몽사몽
엑스터시에 빠져드는 순간
꽃이 파르르 몸을 떨며
오르가즘에 빠지고 있다

|해설|

문명의 구원을 향한 생태적 사유

이성혁 | 문학평론가

박선우 시인의 새 시집 『홍도는 리얼리스트인가, 로맨티스트인가』는 자연 현상과 사람살이의 경계선을 허무는 독특한 시각을 보여주고 있다. 다시 말하면, 그는 자연 현상을 문명사회에서 벌어지는 여러 양상으로 번역한다. 가령 벌들이 꽃 주위를 날아다니는 현상에 대해 시인은 다음과 같이 쓰고 있다.

몇 페이지의 텍스트를 저장하고 있는가에

벌들은 온몸으로 후각을 동원하고
패스워드를 찾느라 온종일 붕붕거린다
아무래도 대갓집 규수 같은 목단이라면
천개의 비밀을 보유하고 있지 않을까
몇 마일을 날아왔을 벌들이 꽃과 접속을 끝내고
꽃의 텍스트를 읽느라 정신이 없다
꽃에게도 이렇게 많은 공개할 수 없는
파일이 있다는 것, 그 파일 속에는
천기를 누설할 수 없는 꽃의 비밀들이
문서화된 텍스트를 읽어내느라
텍스트에 빠져 시간 가는 줄 모르는데
안이 궁금해 기다리는 바람
세상이 시끄러울 것 같은 예감으로
제각기 촉각을 세우고 있는 새와 바람
밖이 시끄럽든 말든 벌은
무차별 꽃을 해킹하고 있다

—「꽃의 파일을 해킹하다」 전문

시인은 꽃 주위를 날아다니는 벌들을 "꽃과 접속을 끝내고/꽃의 텍스트를 읽느라 정신이 없다"고 번역하여 의미화 한다. 이러한 의미화는 이 구절을 에로틱하게 읽을

수도 있게 하는데, 벌들과 꽃-목단-과의 접속을 어떤 "대갓집 규수"와 "몇 마일을 날아왔을" 떠돌이와의 섹스로 생각할 수 있기 때문이다. 그런데 이 시에서 벌은 목단과의 육체적 접속에 만족하지 않는다. 비밀을 감춘 것 같은 꽃의 내면 역시 알고 싶어 하는 것이다. 무릇 사람 사이의 연애 역시 마찬가지다. 섹스 이후에도 상대방에게 매력을 느낀다면, 사람들은 상대방이 살아온 삶의 내력을 알고 싶어 한다. 그래서 연애 과정은 육체관계 뿐 아니라 상대방의 삶을 읽어내는 데 "시간 가는 줄 모르"게 된다. 사랑의 대상을 읽어내고자 욕망하게 되는 것은, 상대방의 "누설할 수 없는" 비밀을 하나씩 알게 될 때마다 상대방과 자신은 사랑으로 더욱 연결되게 되었다고 느낄 수 있기 때문이다.

그런데 위의 시에서 흥미로운 사실은, 벌뿐만 아니라 목단 주위의 바람이나 새들 역시 "무차별 꽃을 해킹하고 있다"는 것이다. 저 목단은 어떠한 존재이기에 새들이나 바람까지도 사랑하고자 달려드는 것일까? 이렇게 시인이 목단을 매력적인 존재로 표현하는 것은 자연에 대한 그의 태도가 어떠한 것인지 암시해준다. 자연은 저렇게 대갓집 규수 마냥 고고한 모습을 하고 있다. 그 모습은 야릇한 매력을 발산하기 때문에, "세상이 시끄러울 것 같은 예감"을 하고 있는 시인-시인은 벌이나 바람, 새와 같이 방랑하며 사는 존재라고 할 수 있다-에게 "밖이 시끄럽든 말든" "무차별 해킹하고" 싶은 욕망을 불러일으킨다. 자연에 내장된 파일에 접속하고 패스워드를 찾아 그 텍스트의 비밀을 읽어내는 일, 이것이 이 시집에서 박선우 시인이 추구하는 시 세계 중 하나이다.

자연이란 텍스트를 읽어내는 일은 자연 현상에 내장되어 있는 이미지를 포착하는 작업이라고 할 수 있다. 시인은 그 이미지를, 앞에서 언급했듯이 인간 세상의 일로 번역한다. 위의 시에서도 벌이 꽃 주위를 날아다니는 자연 현상을 컴퓨터 파일의 텍스트를 읽어내는 일로 번역하여 이미지화 했다. 이러한 이미지화는 "바다의 비늘이 밀려오면/뭍의 사람들은 바다를 주워/햇볕에 말리고/말린 바다는/자기의 지문을 지우며/또 다른 생을 꿈꾼다"(「홍도는 리얼리스트인가, 로맨티스트인가·2」)와 같은 구절에서도 찾아볼 수 있다. 이 이미지는 아마도 염전에서 포착한 것 같은데, 시인은 햇빛에 증발되는 바다를, 다른 삶을 꿈꾸면서 지문을 지우는 행위로 번역하여 이미지화 한다. 그리고 이렇게 염전에서 채굴되는 소금은 "정제된 바다의 눈물들이/짜디 짠 생으로 거듭나기 위해/육신을 태우"는 "법정스님의 의식"(「소금은 바다의 사리다」)으로 비유되기도 한다. 자연은 수동적이지 않다. 저 바다처럼 다른 생을 꿈꾸고 자신을 태우기도 하고, 벌들의 사랑을 받은 꽃들 역시 "주변을 인식하느라/세상과 접속"하면서 "봄날을 향해 총구를 겨누"(「4월」)기도 하는 것이다.

그래서 시인의 이 시집에는 의인법이 많이 사용된다. 자연물은 모두 사람처럼 어떤 의식이나 의지를 갖고 행동한다. 이렇게 자연을 의인화하는 것은, 자연에서 사람살이와 친숙한 어떤 속성을 발견하고자 하는 시인의 의도와 무관하지 않다. 즉 시인에게 자연은 완상의 대상이 아니라 인간과 같이 생활해 나가는 이웃과도 같은 주체다. 이는 자연을 인간의 시각에 포섭하는 인간중심주의적인 작업이라고도 볼 수 있지만, 다르게 생각해보면 도리어 인간의 삶과 자연을 분리시키지 않으려는, 자연에 대한 겸손함을 보여주는 태도라고도 할 수 있다. 자연 역시 인간처럼 생활하고 있는 주체라는 인식은, 자연의 생태에 대한 존중을 가져올 수 있는 것이다. 자연 자체가 떠들썩한 인간 사회와 같이 자신의 생활을 가지고 있는 존재라고 할 때, 그 자연은 쉽게 파괴하면 안 되는 무엇이 된다. 시인은 어떤 여름날 아침의 세계를 다음과 같이 다채롭고 생기 있는 모습으로 보여주면서, 자연의 생활상을 이미지화 한다.

삐거덕삐거덕
팔월의 아침은 들판을 질러오고
아침보다 먼저 일어나
수다를 떠는 제비들 소리에
풀잎의 푸른 정맥들 또르르
노숙한 지렁이 육두문자로 일어나고
저수지에 붕어들도 비늘을 말리느라
온통 저수지는 쏭 쏭 쏭
깨어난 마을도 입맛을 잃은 듯
숭숭 찬물에 밥을 말며
아침을 싣고 온 마차는 짐 부리듯 아침을 내려놓고
눈인사도 없이 삐거덕삐거덕 가고
염려가 되는 제비들 마차를 따라가며
괜찮아요? 괜찮아요?

—「신장리에서·2」 전문

여름엔 아침이 빨리 온다. 시인은 빨리 오는 아침의 속도를 "들판을 질러"온다고 표현한다. 그 속도는 문명의 소산인 기차나 자동차와 같이 차가운 느낌을 주지 않는다. 그것은 "삐거덕삐거덕" 거리면서 오는 속도로, 마치 아침 배달을 하기 위해 우유를 실은 짐수레가 서둘러 들판을 질러올 때의 빠름이다. 시인은 이를 "아침을 싣고 온 마차"라고 표현한다. 그 마차는 우유 대신 아침을 싣고 와 "짐 부리듯 아침을 내려놓"는다. 어느새 도달한 팔월의 아침에서는 정겨운 느낌과 더불어 생활의 활기를 느낄 수 있다. 생활의 활기는 저 마을에 존재하는 뭇 생명체들의 깨어남으로 인해 더욱 고조된다. "아침보다 먼저 일어나/수다를 떠는 제비들"과, 풀잎, 지렁이 그리고 붕어들도 나름대로의 생활을 시작하면서 마을을 이루고 있는 자연은 부산스럽게 하루를 시작한다.

이렇게 시인은 아침을 맞은 자연 세계를 인간의 생활과 동일시하여 묘사한다. 허나 동일시된 자연 세계는 인간의 생활보다 더욱 순수하고 아름다운 모습이다. 이 시를 읽으면서 독자가 짓게 되는 미소는, 인간의 생활이 잃어버린 순수성을 이 자연 세계가 다시 회복하여 드러내고 있기 때문이다. 하지만 시인이 자연을 순진하게 유토피아적으로만 바라보고 있지는 않다. 자연에는 고통스러운 겨울 역시 닥친다. 「신장리에서」 연작은 신장리의 사계가 형상화 되고 있는데, 시인은 「신장리에서·4」에서 겨울 풍경을 그리고 있다. 이 시에서 시인은 "팽개친 삽자루처럼/버려진 겨울 들판"을 "배고픈 짐승 같다"고 이미지화 한다. 하지만 겨울이 와야 봄이 오는 법, 자연의 순환 과정 중 한 단계인 겨울을 부정적으로 생각할 필요는 없을 것이다. 시인이 겨울 풍경을 저렇게 부정적으로 그린 것은, 들판이 "구멍이 숭숭 뚫린 폐비닐"로 인해 "기관지 천식으로 그르렁그르렁"거리는 고통을 앓고 있는 것을 포착했기 때문이다. 즉 들판의 고통은 겨울이 왔기 때문이기도 하겠지만, 인간으로부터 버려진 비닐을 함부로 들판의 가슴 속에 묻었기 때문인 것이다. 「신장리·4」에서는 시인의 문명비판적인 인식이 노출되고 있다. 비닐로 상징되는 문명이 자연의 평화롭고 활달한 세계를 병들게 만드는 무엇으로 등장하고 있는 것이다.

허나 이러한 문명비판에 대비되면서, '신작리' 연작시에서 보여준 시인의 자연에 대한 신뢰는 더욱 도드라지는 면이 있다. 가을의 풍경을 음악에 빗대어 표현하고 있는 「신장리·9-가을서곡」에서, 가을은 "지휘자도 관객도 없는 뜰 한 편에/하나님이 계"시는 계절이다. 가을의 자연은 스스로 천상의 음악을 연주하고 있으며, 이 "악보도 음계도 없"는 음악을 통해 하나님이 현현한다. 그 음악의 특징은 "2중주 3중주의 구성된 화음들이/천지에 가득하다"는 데 있다. 가을의 갖가지 자연들은 서로 조화를 이루면서 "구슬이 구르는 것 같기도 한" 음악을 연주한다. 이러한 자연 찬양은 봄을 노래하고 있는 「신장리에서·11」도 보여준다. 이 시에 따르면 봄의 자연은 광맥이다. 봄에는 "냉이며 쑥이며 달래 등이/농축된 비타민으로 거듭나"서 "온 천지가 광산이며 광맥이" 된다. 이러한 "농축된 비타민"들은 우리를 건강하게 해주는 풀들이므로 "금값보다/더 귀한 노다지"다. 그런데 이러한 자연 찬양 역시 인간 생활과의 유비 속에서 진행된다는 점에 박선우 시인의 시작에 일관성이 있다. 가을의 자연 풍경은 우리를 감동시키는 음악을 들려주고 봄의 자연은 우리를 건강하게 해주는 풀들을 제공한다.

그런데 이 시집의 3부에서는 자연물들의 생리를 사회적

갈등이나 전쟁으로 유비하여 표현하는 시들이 많아서 주목된다. 가령, 「모기와 전쟁」은 피를 탐내는 모기들과 시적 화자의 '신경전'을 '전쟁'에서의 탐색전으로 표현하고 있다. 새벽 2시, 시적 화자의 신경을 건드리는 모기에 대해 시인은 "눈꺼풀은 무겁게 내려앉는대 웽/곡예를 하듯 앉았다 떴다 교란작전을 펼치고 있다"는 식으로 표현하고 있는 것이다. 결국 시적 화자는 "에프킬라 대량 살포"를 통해 모기들을 죽인다. 이때, 이에 "죽어가는 모기를 보며" 시인이 "나치는 유태인을 이렇게 학살했겠지"라고 진술하고 있는 점에 주목된다. 모기가 시적 화자에 어떤 악감정을 갖고 있어서 피를 빨고자 하는 것은 아닐 테다. 모기의 행동은 자연적인 생리에 따라 이루어지는 것이다. 하지만 인간은 '에프킬라'라는 약품을 사용하여 모기를 '대량 살상' 한다. 모기의 입장에서 보면, 인간의 에프킬라 살포는 독가스라는 문명의 산물을 통해 유태인을 죽인 행위와 다르지 않다. 이를 보면, 이 시에서 인간 문명과 자연이 대립되고 있다는 것을 짐작하게 된다. 이때의 자연은 유태인과 같이 무방비 상태의 약자를 의미하기도 한다. 인간과 자연의 대립은 아래의 시에서도 나타난다.

수차례 경고를 무시한 채 현관에다 집을 짓는 제비들
주인을 무시하는 처사가 괘씸하여 남편에게 철거를 요청했다

우리말을 엿들은 제비들 지상권을 주장하며
우리를 빙 둘러싸고 철거만 해보라고
깨알 같은 눈을 치켜뜨고 공중 시위를 한다

우리의 터전을 보장하라
우리의 터전을 보장하라

무단침입죄 고성방가죄로 집어넣어 버려
남편의 목울대가 꿈틀하는 데도
천막 농성도 불사하겠다는 충혈된 저 눈

달동네 사람들 같다 달동네 사람들
결국 포기각서 대신 빗자루를 버렸다
농성은 해제되고 평화로운 봄날이다

—「제비」 전문

모기처럼 제비 역시 '집주인'을 괴롭히기 위해서가 아니

라 생명을 지탱하기 위해서 "현관에다 집을 짓"고 살려고 했을 것이다. 하지만 '집주인'인 시적 화자와 남편은 철거를 결정하고 빗자루를 들어 제비집을 없애고자 한다. 이에 제비들은 "제비들 지상권을 주장하며" "공중 시위를" 하고, 결국 '집주인'들은 "빗자루를 버"리고는 철거를 포기한다. 그러자 "농성은 해제되고 평화로운 봄날"을 맞이할 수 있게 되는 것이다. 즉, 저 제비와의 공존을 인정하면 갈등은 없을 터인데, 제비들이 감히 동물 주제에 인간의 영역에 들어왔다고 하면서 제비집을 파괴하려고 할 때 갈등이 생기고 전쟁 상황이 도래한다. 인간의 오만과 탐욕이 자연적인 평화를 해친다. 그런데 시인은 저 공중 시위를 하고 있는 제비들에서 '달동네 사람들'을 보는 것이다. 오만한 '주인'은, 저 제비집을 파괴하려고 하듯이 달동네 사람들의 주거를 함부로 철거해버리려고 하곤 한다.

독자들은 제비집을 없애려고 하는 시적화자의 모습과 이에 항의하는 제비의 모습에서 어떤 유머를 느끼게 되겠지만, "달동네 사람들 같다 달동네 사람들"이라는 구절에 이르면 이 시가 전달하고자 하는 주제는 바로 사회적 권력에 대한 비판임을 알게 된다. 동물의 주거지를 별 감정

없이 함부로 파괴하듯이, 권력은 사회적 약자들의 삶을 거리낌 없이 파괴해버리는 것이 현 상황이다. 시인은 여기에서 사회적 갈등과 폭력은 바로 제비들-약자들-의 삶을 인정하지 않는 권력자들의 오만에 책임이 있다는 것을 분명히 한다. 그래서 시인은 제비들의 공중 시위를 긍정하듯이 삶의 터전을 지키고자 하는 약자들의 항의 시위를 긍정할 것이다. 달동네 사람들이나 동물들과 같은 약자들은, 자연과 대립하며 구축되는 인간의 문명에 저항하면서 살아나갈 수 있다. 그래서 「봄」에서는 생명이 피어나는 '봄'의 상황을 '혁명'이라고 지칭한다. 봄이 오자 자연은, "피우고 말겠다는 신념들이/저지선을 뚫고//선혈을 게워내며/아파트 담장을 차지"하는 '혁명'을 일으킨다. 아파트 담장은 자연의 생명을 가로막는 인간 문명의 권력을 상징한다. 자연은 그 권력을 차지하고 전복시킴으로써 혁명에 성공한다.

그런데 시인은 혁명의 성공은 그냥 주어지는 것은 아니라고 본다. 「봄」에서도 "은밀한 모의가 이루어"진 이후에 "혁명은 일어났다"고 시인은 쓴다. 「감자에 대해서」에서도 시인은, 감자가 튼실한 우량감자로 자라기 위해 "날마다 전략이 필요했다"고 쓰고 있다. "머리를 싸매고 썼다 지웠다" "수백 번 감자는 제 몸을 키"운 이후에야 "천하의 식탁을 평정"할 수 있었다는 것이다. 그렇기에 자연의 승리란 자연적으로 따라오는 것은 아니다. 「신장리에서·4」에서 묘사된 겨울 풍경의 상징적인 의미에서도 볼 수 있듯이, 문명의 침투에 의해 자연의 생명력이 고갈되어 버리는 경우도 있을 수 있는 것이다. 겨울의 피폐한 이미지는 폐가의 묘사에서도 볼 수 있다. 「빈집」에서는 "마구 버려진 질그릇과 짐승의 배설물이 썩어가는 집"이 묘사된다. 그 집은 "슬픔마저 유배된 집"이며, 그 주위엔 "혼자 남은 복숭아꽃만 제 몸을 키우며/우물보다 더 깊은 슬픔을 삽질하고 있"을 뿐이다. 이곳은 인간 문명의 상징인 집이 세워졌던 곳이지만 이제 폐허가 되어 생성이 아니라 부패만 이루어지는 곳이다. 폐허가 되면서 자연도 파괴되고, 결국 복숭아꽃만 외롭게 "슬픔을 삽질"한다. 폐허가 되어버린 문명에서는 다음과 같이 자연 역시 기아에 허덕이게 된다.

바람과 햇볕이 안부만 묻고 간
폐가 앞마당에

대롱대롱 매달려 있는 것이
단죄를 받고 있는 헤스터 같다

해인지 홍시인지 잠시 착시를 느낀
새 떼들이 붉은 살점을 먹기 위해

육박전 공중전 지상전
흙바닥에 잔여물까지

흔적도 없는 허기란
얼마나 무서운 일인가

단죄를 받는 것보다
허기란 전쟁과 살인의 주범이라는 것

—「홍시」 전문

이 시에 등장하는 '폐가'는 인간 문명이 무너진 장소를 의미한다고 확장해서 생각해볼 필요가 있다. 그래야 이 시의 전언을 온전하게 인식할 수 있을 것이다. 문명이 무너진 장소는 쓰레기장이 된다. 문명은 자신을 파기하면서 쓰레기를 양산한다. 쓰레기에서는 더 이상 생성은 없다.

그러므로 먹을 것도 없다. 이 시의 폐가에는 오직 홍시 하나가 "단죄를 받고 있는 헤스터"처럼 감나무에 "대롱대롱 매달려 있"다. 여기서 '헤스터'는 아마도 주홍글자의 주인공인 '간통녀' 헤스터 프린을 지칭하는 것 같다. 그렇다면 여기서 홍시는 쓰레기장에 겨우 하나 남은 먹을거리를 의미하기도 하지만 도덕적 단죄의 대상이라는 의미도 갖게 된다. 그래서 새 떼들이 홍시를 흔적도 없이 먹은 행위는, 그들이 먹을거리를 찾을 수 없어 기아에 허덕이고 있다는 것을 의미하기도 하겠지만, 영혼의 허기를 비난행위로 채우는 군중의 공격성을 의미하기도 할 것이다.

이렇게 보면, 문명이 폐허가 되고 그와 더불어서 자연 역시 생명력을 잃어버리는 현상은, 인간의 내면적 삶의 붕괴와 유비될 수 있다. 문명이 이루어놓은 인간의 내면 역시 붕괴되어버린다면, 자연적 심성 역시 손상되어 영혼은 허기에 시달리게 될 것이다. 허기에 시달리는 영혼은 전쟁과 살인의 심성을 낳는다. 그래서 시인이 "허기란 전쟁과 살인의 주범"이라고 말할 때의 그 '허기'는, 육체적인 허기뿐만 아니라 영혼의 허기를 의미하기도 하는 것이다. 그 허기에 공격을 받는 홍시는 헤스터처럼 극심한 고통에 시달려야 한다. 이러한 독해에 따른다면, "허기진 가을볕도 주변을 맴돌며/뱀처럼 한입에 삼"키려고 "연신 혓바닥을 날름거리는" 가운데 홀로 매달려 있는 홍시는 역시, 그러한 고통 속에서 "탯줄을 끊고/스스로 자폭하"(「아직도 탯줄을 끊지 못하고」)게 된 것일 테다. 이렇게 폐허를 만드는 문명은 자연의 생태뿐만 아니라 인간 내면의 자연까지도 파괴하여 폭력과 전쟁을 낳는다.

자연을 파괴하는 문명은 정확히 말하면 자본주의 문명이다. 자본은 이윤을 위해 무분별하게 달동네 사람들의 거주지를 철거하여 인류 내부의 자연성을 말살하는 데에로 나아간다. 시인은 이러한 속성을 가지고 있는 자본이 사업을 위해 자연 속으로 침투해 들어가는 현상에 대해 비판적인 인식을 갖고 있다. 자본이 들어갔다가 빠져나오게 되면, 그곳은 폐가처럼 쓰레기장이 될 것이고 생태는 파괴되어 허기가 지배하는 상태에 빠질 것이다. 그래서 시인은 "자본의 꽃이 양귀비꽃보다 붉은 저녁이면/북항은 온통 비린내의 서식지가 되어/비린 자본들이 파도처럼 몰려온다"(「북항」)라고 쓴다. 양귀비꽃이 가지는 환각적인 성질을 생각해보라. 환상을 유포하는 자본은 양귀비꽃처럼 비린내를 풍기면서 '북항'을 점령한다. 그 자본에 지배당한 '북항'은 「비치스파랜드」에서의 "자본과 유착된 낙원"과 같이 "생각은 없고 몸만 있는/구원 받지 못한 낙원의 이브들/죽은 낙원에 앉아 시간만 축내고 있"는 장소가 될 것이다. 그곳은 "하나님의 말씀은 없고 세상만 있"어서 영혼의 허기가 지배하는 곳이 될 것이요, 그곳의 사람들은 '불나비'처럼 이 "세상 속으로 뛰어" 들어가 파멸하게 될 것이다.

자본이 지배하는 세상은 인간의 영혼뿐만 아니라 자연 역시 파괴할 것이다. 자연의 파괴는 문명의 파괴로 이어진다. 자연을 파괴하는 문명은 자기 파괴의 길로 나아가고 있으며, 이는 인류의 재앙-전쟁과 살인-으로 나아가는 것이다. 시인은 「싹쓸이」에서 폭풍과 같은 자연 재해에서 인류의 재앙에 대한 신의 경고를 본다. 아마도 폭풍 때문에 "몇 십 년 나무들은 뼈만 남"게 되었는데, 사람들은 이에 대해 "신이 준 경고"라고 해석한다. 이 말을 좀 더 풀어서 시인은, "새만금의 지도를 다시 써야 하고/절개된 산의 지형도 다시 써야 하는/자연을 파괴하는 인류의 재앙은/예고편이 아닌 우리의 현실이란 것"이라고 말한다. 달동네를 멋대로 철거하듯이, 자본과 권력은 이익을

창출하기 위해 산을 절개하고 새만금을 함부로 파헤친다. 자연을 멋대로 개조하고 있는 이러한 무분별한 행동이 인류의 재앙으로 앙갚음 당하리라는 것을, 시인뿐만 아니라 마을 주민들도 예감하고 있는 것이다.

시인은 자본주의 문명이 가져올 재앙을 막는 방법은, 자연의 생태가 가진 생명력을 존중하고 그 생태를 인간의 삶과 접목시키는 것이라고 생각한다. 이러한 접목은 자연의 생물과 인간이 같은 생명체라는 것을 교감할 수 있을 때 가능하다.

올챙이 같은 햇볕들이 한꺼번에
문턱을 넘어 거실 바닥으로 유영을 하고 있다
오랜 침묵에 말을 잃은 붙박이장도 우지직 말을 트고
장식장 위에 놓아둔 베고니아 꽃도 요실금 환자처럼 찔끔찔끔
분비물을 지리더니 뭉클뭉클 생리 혈을 쏟고 있다
꽃들도 생리를 하는 거라고 경이로운 통증이 여자와 교감하는 순간
여자도 베고니아처럼 꽃을 피우고 있다

—「베고니아 꽃을 피우는 여자」 후반부

이 시에서 시인이 "장식장 위에 놓아둔 베고니아 꽃도 요실금 환자처럼 찔끔찔끔/분비물을 지리더니 뭉클뭉클 생리 혈을 쏟고 있다"고 말하고 있는 것은, "꽃들도 생리를 하는" 모습을 통해 인간과 마찬가지로 식물 역시 생명을 낳는 존재라는 것을 보여주기 위해서일 것이다. 저렇게 조용히 놓여 있는 베고니아 꽃 역시, 비록 침묵하고는 있지만 새로운 생명을 낳기 위한 몸의 변화가 일어나고 있다. 이 시에 등장하는 '여자'가 이를 투시할 수 있었던 것은 "경이로운 통증"으로 인해 그 꽃이 "여자와 교감"할 수 있었기 때문이다. 저 꽃을 보면서 시인은 생리할 때의 통증을 느낀다. 그것은 저 꽃 역시 생리를 하고 있다고 여겼기 때문이다. 생리통을 통해 교감이 이루어지고 있다는 것은 경이로운 동일화다. 이러한 동일화는 여자가 "베고니아처럼 꽃을 피우"는 존재로도 변화됨을 의미한다. 이제 여자와 꽃 사이의 경계는 없어지고, 여자 역시 자연 속의 일원이자 자연의 산물들과 교감할 수 있는 존재가 된 것이다.

식물이 꽃을 피우는 생명력은 인간이 아이를 낳는 생명력과 동일하다. 생명의 입장에서 볼 때 인간과 꽃은 같은 존재다. 그래서 시인은, 저기 피어 있는 호박꽃에서 "지

새끼 주렁주렁 품에 안으면/세상에 없는 새끼들 마냥/어르고 달래고/까르르 까르르 웃는"(「호박꽃·2」) 모습을 포착하기도 한다. 아이를 낳고 사랑하는 호박꽃은, 당연히 꿀벌이나 햇빛과 사랑도 하는 여인이다. 그래서 이 여인은 햇빛과의 정사에서 다음과 같이 엑스터시에 빠져들기도 하고 오르가즘에 오르기도 한다.

> 꽃이 햇별을 충전하고 있다
> 4월의 아침이 녹색으로 자동변환
> 버튼을 누르자 꽃이 일제히
> 내밀한 나신을 전부 까발리고
> 한 장의 춘화처럼 낮 뜨거운
> 정사를 하고 있다
> 꽃의 더운 숨결은 천지를 달구고
> 새도 바람도 비몽사몽
> 엑스터시에 빠져드는 순간
> 꽃이 파르르 몸을 떨며
> 오르가즘에 빠지고 있다
>
> — 「꽃도 오르가즘을 느낀다」 전문

꽃 역시도 인간처럼 정사를 통해 육체적 환희를 느끼는

존재다. 이렇게 환희를 가져오는 정사는 자연스러운 것이어서, 꽃은 "내밀한 나신을 전부 까발리고" 대낮에 공개적으로 "낯 뜨거운/정사"를 스스럼없이 벌인다. 햇빛과의 정사 속에서 오르가즘에 오르며 내뱉는 "꽃의 더운 숨결"은 생명력의 발산이다. 그래서 이 뜨거운 숨결은 천지를 발갛게 달굴 것이요, 꽃 주변을 배회하는 새와 바람 역시 그 숨결에 감염되어 엑스터시에 빠지게 할 것이다. 꽃이 광합성을 하는 이 생명 과정은 온 세계를 생명의 힘으로 들뜨게 만들고, 오르가즘으로 인해 "파르르 몸을 떨"도록 만든다. 시인은 이 낯 뜨거우나 경이로운 정사를 부러운 눈으로 읽어내면서 꽃이 느끼고 있는 오르가즘에 교감하고 생명력이 가져오는 기쁨을 함께 누린다. 시인은 육체적 교감을 통하여 저 꽃의 내밀한 비밀에 접근할 수 있는 패스워드를 드디어 알게 된 것일 터, 이러한 교감 능력이 자연과의 공생을 가능하게 하고 자본주의 문명을 치유할 수 있는 바탕을 마련할 수 있을 것이다. 이 시집에서 시인의 시세계는 이 지점에까지 다다르고 있다.